HELA&AQUERO

ANTONIO MARÍN

Conspirado consuelo- cabina vacía que nace

del fondo

del Rin muerto-*¡Weia!, ¡Weia!* Crepúsculo de ciudades -pintados

cuadros de Kuhn

-coraza de una oscuridad escrita con tiza. Fantasmas cartesianos-

llanura de hogueras

que invaden este valle

de prófugos

polacos.

¡Parda carroña! -grisáceo austro que ilumina las ruinas del alba.

¡Barbarie!, dulce trepidar

de motores que acallan en esta edad del vacío. Abismo de briznas-

fortalezas inmortales

-calendarios de la sangre- brocados de huracanes malditos

que se detienen.

Salvajes hermanas que gritan la voz

pura

de Flobhilde

- duermiente juego repleto de graciosas ondinas que extiende sus rezos en la noche de Nibelheim. Contorno nihilista

-*"Bolchevism in Art"*- árbol abstracto del llanto

-*"lo que ha muerto es el idioma Alemán"*

-¡ruido incomunicable!

¡Fulgor negro del Ocaso!

¡Aureo lienzo!- aliento ennegrecido por un muro de fantasmas que rodean el portal pálido. Amarillentos días en vano que dan vueltas alrededor de este nebulosa muda de estrellas caídas-

vacilante zozobra

que acecha la soledad de Eilinel.

Museo de Bashkirseff-   legiones de olvido que vigilan cerca el anillo del musgo-

- marionetas amordazadas

qué esperan la ultima señal. Clausewitz dijo: *"La guerra esta prosecución de la política*

con otros medios" Schwärmon.

Vibración vital-**¡Hütet das lied!** (¡Guardar el oro!)

Lamidos peñascos de austera tristeza

-disuelto tiempo repleto de vagones de estupor- mercancía
de niños-

-¡nevados violines de la expiación!

Casa de Dachau- vacío cajón -estanque de ratas

donde pastan las palomas

-¡mármol vesperal!-moribundo rocío que custodia

pedregales delirantes

-¡coronas incandescentes!-¡ebriedad roja!-¡hueca heroicidad!

Mudanza de flechas

-rosetta de lagrimas qué protegen

los manuscritos de Gruel.

Luces de azafrán que ilumina

este trocadero infernal

- jauría de Morgoth a lo lejos.

¡Todo moradas funestas de este lento cavilar!

Triste Gorlim que vaga en tierras de nieblas.

Fantasmas de la nada -bosques solitarios de hojas

de sangre extenuadas

por el frío viento.

Suicidas nieves que oscurecen la ventanas

del albatros-

-¡trineo de gárgolas sobre el azul insaciable!

"Los idiomas son organismos vivos"-¡decadencia y muerte! -
¡jerga embrutecida!

-el lenguaje hoy solo se limita a ser hablado. Lutero, Goethe,
Schiller, Kleist, Heine

y Nietzsche hablaban

con la confusa voz del alma en llamas.

Vaho profético que vagas en criptas de la tristeza. Sombrías
bocas- mirlo de umbrales rotos

que baila en hondos brazos caídos

-desalentado canto -**¡Falsches Kind!** (¡Falsa criatura!)

Los rizos de Flobhilde

esparcen la ultima brisa.

¡Wallala!, ¡wallala!

-rocas pálidas que hacen de altar al triste polvo -convoy de la
nieve que recorres este insomnio eterno- sofocadas convulsiones
que vigilan la mirilla del cuarto día despierto.

Rumor de luces

que desciendes de la deshabitas

gracias-

equipaje ultimo

de este voz enterrada.

Cabaret Voltaire desahuciado en la madrugada. Noches de Picasso- cosmología suicida en este ritmo del ¡Pam!, ¡pam!, pa-ta-pam. Dialogo infinito de postales perdidas- tumulto de cascabeles sobre esas veloces estrellas. Pronto la niebla de las fanfarrias traerá el acero espinoso.

Matorral de halos cortados

que borran la huella

de los rastrojos de ángeles

¡Aguacero

de lamentos interminables!

Trompetas invernales que ocultan la guarida de la muerte-arco ardiente que apunta hacia los boscosos pájaros-cuervos de los alisos- ¡estrangulados yermos! ¡huesos del silencio!

Una secreta rigidez rodea estas fotografías. Sombras diablesas que

se asoma al jardín de Escipión -retratos del Fühler-irradiadas
flores del cadalso- sofocantes cocinas
como panacea
de la larga oración.

Tejido de recuerdos que llegan a la casa
de Céline -vision de Florence-
pozos perdidos en la sangre reflejada por este jeroglífico
mortífero. ¡El monstruo de la técnica de Georg escapará!-
¡Bautismo prusiano! -estilo potsdam decadente -clichés pomposos
que alargan la agonía racial.

"Elegias a Diuno" de Rilke-
"opera de dos
centavos" de Brecht-
o el *"Ángel azul de 1930"*
¡amarga armadura!
-sala *zur Waag*- vocales de cartón que abrazan estar arterias
coloreadas para el sacrificio
-¡frío simulacro del mundo destruido!

En el salón profugo del humo del Érebo

suena la música de Laban y Schoenberg-

insípida mecánica -fuego poderoso que añoras las profundidades

verdes

-¡delicioso durmiente! -ojos que fluyen hacia el peñasco vivo

de las estrellas

-*¡heiajaheia!, ¡heiajaheia!*

¡Oro ardiente que recorre mis pupilas desiertas!

Cantada corriente del áureo fulgor- duendes de la dichosa joya-

tesoro forjado por los eternos

-¡lasciva fiebre! -¡albas refulgantes!

-¡Nibelungo loco! Campanas tramposas

que juegan con las palomas

de la muerte-

viento cegador

de cenizas.

Abrasados planetas que traen fragmentos de bailarinas pisoteadas

por arañas- en el bosque de piedra.

"La montaña mágica" de T. Mann- *"El hombre sin atributos"* de Musil

-¡desiertos todos del Este! -gargantas implacables que olvidaron *"Horst Wessel lied"*-

estenógrafos del temor -voz retorcida

qué acampa

en las alcantarillas de Varsovia.

¡Sintaxis infernal!- tinieblas que presiden la roca. -**¡Rettet das Gold!** (¡Salvad el oro!)

¡Florido Wotan haz que esta creciente fortaleza no muera!

Portal de delicias

-¡despierta obra eterna!

Gruesas balas que chocan con el tragaluz de la vacía botella -despojos del susurro

final axfixiados hinojos -¡ocaso de los dioses!

-bunker solitario.

Madrigueras de cemento- algarabía inhumana

Catón mudo-

"la muerte de Virgilo" de Broch-

"La belleza es inadecuada
para expresar el dolor"

Augustas gracias deliran -morada de combates que teje una de
débil alianza -torre de sueños -¡runas del engaño!
Manzanas de Freya que caen
en el foso
cerrado.

Océanos hambrientos que arrastran lluvias opacas-opio de voces
encontradas en la distancia
-hierba cero -cámara de gas -frágiles versos-noches circulares
del mas allá.

Carteles envenenados -burla de ciénagas para el señor Coen.
Desparejados vientos
que sucumben en el aire absorto del Ocaso.
Inútil verbo-
escuela rabínica

Heridas de la luz- Silesia que alargas el larger criminal

-¡necesitamos una poesía convertida en actos!

-¡vacías metamorfosis!

-**¡Arbeit Macht Frei!** (El trabajo os hace libres)

-¡Doctor Fausto

huyó!-

mirada de Leverkühn-

-prostíbulos

de la cultura aria.

El cadáver de Goebbels arrastrado por la calle-¡bombardeos
ensordecedores de Dresde!

-Furgones de la Gestapo que recorre el llano. Estertores de la
agonía

-calles humeantes-*"Moises y Aarón"* de Schoenberg inacabado.

El fracaso de la imperfección humana es evidente

-canto de los silencios de Dios

¡drama de la "no-comuniación"!

La voz de Moises

fue desterrada

por segunda vez.

Sintaxis disonante -zarzal sin coro -imagen inimaginable que dibujas letanías abstractas.

Moises dijo:

¡Oh, palabras de las que carezco! Tumbas gitanas -fox-trot de Flake- telepáticas flores

que renacen

en suburbios de Hécate.

Organistas de la miseria pasean por la nueva Babel- *"Unter den linden"*-

Sumisa tierra

de breviarios incompletos

cenizas de Hans Baumann -¡estridente tiempo

sin final!- ¿quién conoce los deseos de Wotan?

¡Verfluchte Lohe! (¡Maldita llama!) Salario de Loge -vanos rincones -¡oro rojo!-

¡Pensativo Wotan, detente!

Refulgentes adornos forjan este arte entre las hambrientas rocas -devorada noche que siguen el vuelo de la octava lluvia-

¡amapolas amnésicas!

Bahías de chatarra

junto a la sal derramada.

Farola forjadas en pozos de la memoria

-hierro

dolorido

cámaras

profundas de la medianoche…

¡Ardientes calaveras! -fronteras de negro dientes -¡Grita Freia por el Este!

-**¡Wehe!, ¡wehe!** (¡Dolor!, ¡dolor!) Rojo atardecer -humo de Orcos -auxiliados rocíos

-¡doncellas de Marte! En la ribera de Narog yacen cuerpos que no conocieron

la corriente de Ergaldvin.

¡Pálido mar!-abismos del crepúsculo -desolado centelleo

que inunda estas torres enlutadas.

Estrecha raíces donde surge cráneos

brillantes

-capilla de Santa Filomena-bóvedas del Cáucaso en llamas-
muelles del Sena
-¡élfica voz atrapada en tronos de fauces abiertas! Ardientes
yermos clavados
en las estancias de Thingol-
-tormento de fuego-
solitarios acantilados-
caverna de Haute-
oscura crisálida al que rezamos inconscientemente…

Paredes grises llenos de paramos blancos-*"morir en la luz"* es lo
único que queda.
Resplandor de cuernos desgastados -galerías de la hiedra -sótano
de armas que arañan
el oro enfermo
de la entrañas.

Partidos estandartes -oscurecidas trompetas que acechan estas
fuentes verticales
-rojo oscuro
simposio tardío de Sócrates

garabatos invisibles que se cuelan

en este ejercito

confuso de venas.

Escritura moral de azucenas inocentes- *"Museé de L'Homme"*
-artes mágicas caducas- fármacos del profetismo- *Champs Elysées*
abandonados en un purpuro hechizo del llanto -vado del Rin
desolado. Un vapor que no es de este mundo

cambia los mudos escenarios-

¡Tückischer Zwerg!(¡perfide enano!)

¡Necio bribón!- ¿te conozco?

Columnas miserables-

¡Hoho!, ¡hoho!

Chispas oprimidas en el botín de la cólera -¡muerte sin
significado! -¡barbarie!

La revolución nacional socialista murió. *"Voluntad ciega"* de
Schopenhauer despliega

sus alas negras. La sagrada visión del Volk se desvanece.

¡"Dar Spiegel-inteligible"** para siempre!

Égidas de partido rotas- ¡puro hipnotismo del burdo lenguaje!

"Sein und Zeit" incompleto- Apocalipsis del habla primitiva-
jirones yámbicos
-chillidos de niños
en ocultos sótanos

"Club de tristanes" en paro- esnobismo de la muerte- ¡vuelo de
arpistas de la fiebre!
-necrofilia interminable del Norte-lenguaje del ruido que choca
con las altas copas del Hado.

Veladas transiberianas -remembranza de la sangre callada. Los
acólitos del Fühler
solo fuman tabaco caro- fondo sin nombre que custodia este
alfabeto de la muerte.
¡Hier ist kein warum! (¡Aquí no hay ningún porqué!

-Chimenea deshuesada- calle Mountain- ultimo renta de cuerpos
torturados. Ruido agonizante
que asola esta arrugada

sangre

-¡enredado mármol!

Ilógico Hado que dirige los vagabundos

pasos del Orfeo y el soldado

-**¡Zittre und zage, gezähmtes Heer!**

(¡Teme y tiembla tropa domesticada!)

Prodigios de inesperados -huéspedes que aparecen en las noches

de Nibelheim.

Altas brisas se cuelan entre las tropas mudas.

Temblor insignificante-¡ávido oro!

Ezleg´st du den Hort? (¿Depositaras el tesoro?)-

fulgor de usuras en este pillaje del triunfo- ¡fétida mutación!

Aleros furtivos sobre ruinas vacilantes-tronos de cuervos- oscuros

paramos ¡oleadas de muerte! Explanada de nubes heridas-¡umbral

de púas!

zozobra de metálicos

suspiros-

dolor

en el *Block 24*

¡barracón de aleluyas perdidos!

Migas del cadalso -verdes collares- cuernos herrados bajo este aliento enloquecido.

Alas esquivas harapos de hilos -ejercito de larvas que continúa su marcha sobre el campo de Buna.

Rígidas palas que golpean la tierra

de Doriath.

Antorchas ávidas que iluminan el rostro de los hijos de Fëanor-

voces sonoras

-**¡Ruhe!, ¡ruhe!** ¡perpetua Babel! -vuelo hostigado

que asusta el fétido Pan-verdoso lodo-

¡Eine Laus, dein Tod!

(¡Un piojo es tu muerte!)

Ka-be- Penumbra de bardos que iluminas las tumbas incontables

-barrotes de estrellas

-crujido de ruiseñores valientes que se acercan a los cánticos

del muro.

¡Plateada oscuridad!

¡Sueño de Lúthien!

Ominosa voz que despliega sus quebradas-¡trompetas divinas!

Un silencio total recorre la fronteras del Olmo. Algunos sacerdotes no hablan

-(*ocaso del ser*)

-Otros esperan el canto de Armida

-¡rojo señorío

que circunda estas fosas polacas!

¡Geschick predestinado!

 Hay una banalización de lo trágico. Excedida sinfonía de gritos que se cuelan en las grutas

de la sangre-estirpe de urbes-velo sometido -antiguo testamento cubierto

de enjambres, y frío.

Hay que quedarse callado. El poema *"Todthauberg"* de Célan nos indica que no existe

una humanidad lírica -un barniz áureo surca estos huesos-

evangelios nuevos

del sueño enterrado.

Tonalidad inmóvil-¡Basilisco del silencio!

Paraíso del Hesiódo olvidado- ¡tierra aniquilada!

En la tienda de Guel sobrevive una vieja higuera.

¡Mítica Clitemmestra!

-¡hospital del tiempo y la letra! -fosa de Kayten todavía abierta

-ultimas paulonías que juegan en el jardín de Banine-

¡crujido de cenizas!

Las lagrimas de Leyton desciende sobre párrafos arrancados

del día-

jardín de Salonica desierto

-arruinadas ventanas

que confunden a los ciegos perros-

Jardín de la Bilis que presides cada rincón de la celda de castigo

de Buchenwald.

Se perdió el dinero cosido en la sucia chaqueta. Genealogía

de la tristeza

que invades en secreto esta cielo muerto de combatientes

- ¡kaddish final!

Viento negro de Chalmo sobre los capitolios de fuego-
¡floreciente Freia!
-holgadas huesos que cuelgan
de viejos arboles
¡Die klienze verklemmt!
(¡Tapad los resquicios!)

En el pecho doliente de Fricka hay dientes rotos- orfanato de
Szegod
-sombras de silabas perdidas
aliento agrio
que hace girar el vórtice
de esta negra canción-
¡Nimmer -Satte!
(¡Insaciables!)

¡Hijas del Rin huir a tiempo de este Occidente!
-Promesas sin botín -¡nada que salvar del mundo! **¡Hilfe!, ¡Hilfe!**
(¡Auxilio!, ¡auxilio!)

¡Sepende den Ring Doch! (¡Da el anillo!)

Alambre de espino

azote de cetros partidos

Simeón, ¿me oyes?

Mundo externo ajeno a la luz de las Nornas -oficina de pretas-

¡necio loco de Fafner!

Escondida fortaleza de brujas ciegas- tropezados panfletos

de guerra

-¡inflamado mapa de perdidas!

Una turbia tormenta asola la legión de estos vapores -sendero

de fuego-visión de Froh

detenida en el censo de zarzas- flores de Bruma que traen capullos

decapitados

-¡tierra de durmientes que cabalgan en este precesión de bóvedas

separadas!

Ondulante tiempo -**¡Und wären es göttlichste Götter!**

(¡Y fueran los dioses más divinos!)

¡Oro del Rin!- ¡ángel mudo! -¡fabricas humeantes!-¡lamento de ondinas sobre el Sena!

-¡luna de carne!-¡ciego esplendor sigue adelante! Fútil telón
donde se esconde la fatigas de Siegmund.

Colgado Éter sin espacio para las inocentes miradas -loca
Marianne- espesa hidromiel

desperdiciada cerca de las propiedades de Hunding. ¡Nervios
arruinados!

Tenazas duras que sirven para cortar estos
poemas en pedazos
más pequeños.
Hidra de 1960.

-¡Armas requisadas de Sieglinde! -caseríos del Oeste -ojos
crecientes que vieron por ultima vez
ese Leviathan de plomo-bulliciosos despojos que sirven de ruinas
al mutilado insecto.

Doliente fuego- fugitivos cadáveres- tronco seco del fresno-
dormidas migajas
-emisoras polacas que llaman al vigilante Moises
-¡ciego resplandor que atraviesas estos nocturnos rayos de terror!

¡-eléctrico Sabbath!

-¡anochecida llama!

Danza ininterrumpida de Noviembre- campos oxidados mortales

ángeles encallados

en las heridas nubes -burladas costas del amor

cuerda dolorida que tensa cada latido robado

-¡amarga brisa

de primaveras vencidas!

Un vacío sin final rodea estas flores malvas.

Pan seco

Halo de lunas recién cortadas-desposadas sienes sueños

de arroyos que fluyen hacia abajo

en busca de un anciano sonido.¡Triste Wehwalt!

Apedreadas cometas plumas de acero-versos migratorios

que vuelan sin destino

-gitanos y rabinos que comparte el mismo coro-lejos

de la protección de Nothung.

Campos de batalla olvidados -la dotación de Brünnhilde que fue
interceptada.

¡Der alte stürm! (¡vieja tormenta!) ¡sordo hechizo!**¡Ewigen
Göttern!**

-(¡Dioses eternos!) ¡acechos mortíferos!

La torre de Kreuzkirche

es una ratonera

de la cultura aria.

Opio caduco de Ball- salvaje Wotan qué quieran castigar a las
sifilíticas Walkirias de ultima hora. *¡Heicha!, ¡hojotoho!-*
sombríos asientos -pupitres de Hegendorf

que sirve de improvisado altar

-¡negro fuego!

¡Quijotes frenéticos!

¿Quién se acuerda ya de la muerte triste de Kaspar? Frenéticas
lombrices realizan el éxodo hacia estas hogueras cadavéricas.

Flagelados copos provocan el deshielo

de estos cuerpos abandonados

-bosque de piedra

-orilla de guijarros

que acoge

a los opacos trinos

del cansancio.

Kapo desaparecido en una larga noche- viento de huesos
amarrados a estos depósitos de la sarna-ventanas ahumadas que
oculta esta esquelética pared derribada-

¡carne polaca!

¡du jude kapput, du schenell!

(¡Tú, judío, ya estas listo,

en seguida al crematorio!)

Literas vacías- geometría sin espacio para las hojas secas-
escuadrones de moscas

que danzan sobre tobillos purpúreos.

Wo sind die Andere?

(¿Dónde están los demás?)

Ancho silencio que recorres los laberintos del impasible reloj-
purgatorio helado

-campo de piojos dolientes que siguen las avenidas de la noche

-¡apartadas señales! -¡materia infectada!-¡huérfano cielo desvestido!

Mortales canciones se agolpan

a las puertas

del Asgard. Aturdíos alientos que renacen de los jabalís de Valinor

que parece perros rabiosos

-hechizo jadeante -ciudad de albas itinerantes-

¡Doncellas de Elfinesse desfilan sobre las riberas

del Sirion!- ¡Rue du favbourg- Saint Honoré!

-¡flores blancas esparcidas por el coronel Schaer!

-columnas de muertos-

titanes parlantes de Georg-

gorgojos abismales

que replican el eco

de estos disparos luminosos.

¡Violeta tarde! El sueño de Voroshilovsk se pierde en los talleres

de abril -¡toscos ídolos!

-solar de Salomón -Madame Goofrin que lee revistas pasadas

de la Zeitgeschichte.

Espiral de epigramas escritos por niños de Montparnasse.

¡Lluvia rosada sobre gardenias doradas!

Bronceado del tercer Reich

- paredes lentas

del tuétano que ningún atleta recorre

Torsión del tiempo que destruye estos pasaportes de autómatas.

¡Apócrifos traumas sin nombre!- operas sonámbulas vieja bruja que persigues

el oro desgastado.

Simulacro de voces -disputas talmúdicas-buhoneros del Averno que escriben

hermosas canciones de un adiós enfermo- pastorales visiones que

asaltan el libro de Tobias -¡metal blanco!

ruido brutal que infecta la tierra-

jóvenes salamandras

que habitan

en los viejos libro de Dussarp.

¡La caída del ser es evidente! -¡La suerte de Fricka esta echada!

Cadenas rondas por este terrible estallido -¡Oh necesidad infinita!

-¡errante Nibelungo!

-¡vacío Rin! -¡almenas arrasadas del Walhall!- Lazos de guerra

¡O göttliche Noth!

(¡Oh divina necesidad!)

¡Gräbliche Schmach!

(¡Infamia atroz!)

Melancólicos glaciares se acercan a mis lagrima vivas. Hado confiscado-garrapata traídas

por las Harpías- ¡capital del viento moribundo que cicatriza este Kommando!

Vacío sideral en el "lager-ilógico"- ¡absorta muerte! -petrificado papel

-sopladas vías que mueran

en el circulo maldito

de unos labios.

¡Sueño de Tántalo!, ¡transfigurada fiebre!

Un sofocado vértigo conquista esta mísero cerebro hueco- vía láctea que termina en ese pistola erótica. Tiza tediosa que graba

las guirnaldas caducas del Upanishads- ¡oro ciego del Rin!

Rojas bocas que murmuran en el Hades-remadas almas

que nunca remontaran la corriente

de Leteo.

Horror de la nada que no se escribe.

¡Hinweg!, ¡hinweg! (¡vete!,¡vete!)

Cadáveres ultrajados por clanes del diablo- rotos juramentos

embarrados en estrellas abyectas

-¡luz de muerte! -¡La prosa del destino ha muerto!

Un pájaro hechicero ha hipnotizado este durmiente dolor

-lamento de Frankenstein

explosion en Wostmount-

custodia monoteísta

de los tristes días.

¡Panel de lombrices que gobierna el maestro del frío!- Sal joven

tumba de Narcissus que precédeme

al movimientos del mármol- rosas blancas para Van Gogh

-refugio de langostas que invaden estos dormidos acantilados

¡estación de Busgdorff

repleta de verbos deportados!

Largas charlas- cifras y letras- Falstaff ebrio que canta sobre los

guetos de Varsovia

-naufragada musa de Cosséard -tumbas floridas que no necesitan

estos diarios del soldado

¡Soliloquios de Nüssle!

carros blindados

que atraviesan

este pantano

de encinas sedientas.

Oido de cristal que te sumerges en las fibras de las sombras-

brumas feroces

-¡zoológico de la muerte repleta de crisálidas invalidas!- nodrizas

rumanas

-olvidadas en la ciénaga monótona.

Tristes aureolas trepan sobre un lienzo

fiero torbellino impreso

en dialécticas máquinas-

-¡hélice infernal!

-Tipográficos escalofríos de tinta- tributo de sueños que se asoma
a los negros vapores
-¡llamas de Siegmund!-¡perros criminales!
-¡Yegua de Ortlinde!
¡Bosques aplacados
por la frenética Brünnhilde!

Tranvías de polillas- bala congeladas- sangre bautizada por
secuaces de Otto-chimeneas rubias
-arena veja que cae de olmos   -¡sucio Danubio azul! Loca
oscuridad que nace de la Atalaya
-¡Scht meine Angst!
(¡Ved mi angustia!)

Charcas extinguidas -lírica de la noche interrumpida por
escarabajos invernales
-fragor de fatigas- roída coraza -mariposas de *Baal Shem* que
corretean
en la tregua

de los días.

Oraciones del Sabbath- aleteo de estrellas

¡O hehrster Wunder!

(¡Oh Prodigio sublime!)

¡Weh! (¡Dolor!) insolente espanto-

yelmos medrosos arrojados al páramo

-cristales de lluvia **-durch meinen Killen**

(Existias solo por mi voluntad)

-tristes paredes -frágiles huertos hijos de la canción fúnebre -

¡pálido kaddish!

Nerviosas Walkirias embriagadas

-¡Halt´ein, oh, vater!

(¡Detente, oh, Padre!)

Furor oscuro que castigas los pensamientos- habitaciones

sin rostro -lento laúd -estrecho hierro

qué nos conduce a la ribera del grito. Telarañas durmientes

que se visten con estas desnudas páginas.

Cáliz sin tierra- crepúsculo de insectos insomnes-

-¡ermitaño Hölderlin!

¡Tosdo so Tod!

(¡Así, la muerte!)

Ideogramas astrales quebrados cerca de la Iglesia de Sant-Roch-
deambulado sonidos-febriles pasos-partituras disecadas- ventana
de ángeles -alianza del Fénix
¡tinieblas castradas bajo el Rodas y el Egeo! -sostenidos alambres
de este edén de murciélagos-glosarios de la carne
axfixiado calvario
que recuerda la más
gran fiesta
de Breugel.

Cautivas larvas negras -golondrinas que vuelan sobre sinagoga
vacías -contaminada ribera de Poursin- derribado verbo
confiscado por estos horrendos minutos
-espectrales ojos que miran fijamente
a esta resucitada orina-
¡Salomón ciego!

El almirante Célier busca su "meta-grámatica"-río agónico

que transportas a las gaviotas saladas

-café de Banine repleta de ermitañas gargantas -oro amputado

por las lagrimas- *"Alter Physieus"*-

órbitas esquemáticas

que atraviesan estas celdas

purificadas-

¡gemido de dioses! ¡hechizo de redes!

¡fuego de Morgoth!

Huesos fortificados entorno a una orilla sombría -aureolas ultimas

que cercan el anillo mortal-violetas marchitas de Anne -refulgante

rabia

que asola los tronos de Praga y Vilna-

¡mortajas del Mesías!

Arboles quemados

de Doriath-

grito de Isaias que ahuyenta a los ladrones de higueras perdidas

-alero Occidental

-¡cárcel del polvo para estériles cuervos! Ghetto torcido

en ese verdor del acero

-¡eterna aflicción!

Walhall abandonado en cualquier fría estación del Ocaso.

Vaivén de lugares olvidados como la viña de Überlingen.

¡Botín de Brünnhilde! -¡cruel fuego!

¡Lausche hierher!

(¡Escucha hacia aquí!)

Vibrantes cartas

que recorren en circulo

este fondo del silencio.

-Utopias de la noche velada -castillos de Leine -callejuelas

de luces- deportación cruel

-fantasías del Bosco -luz oscura que recorres esta radiactiva niebla

-barcas hundidas de Boecio

-Mine grita:

¡Zwanguolle plage!

(¡Agobiante tormento!)

¡quedan restos de Nothung

en ese yunque afilado!

¡Cuerno sonoro que cantas sobre cráneos remotos que invaden

las calles de la Étoile!

-¡El triunfo de las amatistas llego tarde!-edificios caleidoscopios-

horas de fuego-

el teniente Sommer

bebe sin parar.

Lentitud sin aliento -infierno de Dante-pájaros pérfidos

que picotean el riel

de los espejos falsos

-talmud deshuesado-

teatros de baratijas

basura de Dachau-

¡tumba de coros hambrientos!

Cheminée de Birkenav -campanarios de Auschwitz- torre de
carburo- desafinados charcos -exhaladas zanjas selladas de luz
sur que preparan el motín
de la amnesia.

¡Cajas cóncavas que llenan esta rancia barraca! Viento accidental
que muestra su plena ira
-¡sirenas del Feieraband! -resonancias del frío- canción ultima de

Abraham- ramas muertas.

Cotizada ración- mecánica manzana del dolor- centinela huérfano
que te desvelas
-viejo acero arrastrado por la vieja corriente- ¡vieja necesidad!
-guarida de Fafner -rojo martillo que golpeas estas albas negras
esta carroña insaciable…
¡Farsantes moscas! -¡eternidad sangrante! -¡sordina de mariposas!

Vertederos de tronos -valla afilada-¡vuelve espíritu del Este
Colinas arrodilladas
-costillas rotas- saliva de la nada que buscas la boca de Mime.
Tablero inmóvil
-¡Oh rey único!
Cleptómanos versos-
séquito de plumas
que acompaña
a esta dictadura del lenguaje.

Ramaje de fauces torre de David -sombras de la Torá-logos
blanco

-¡monte solitario de Moriá! -*"Proto-palabras"* interceptadas
de Göethe

-astros incandescentes del Reich- pliegues de almas -lavaderos
gitanos

-vulgata parisiense que anuncia este eclipse total-

¡murallas destruidas

de Hithlum!-

¡luz amarga!

Trofeos de ciudadelas perdidas sueños de Bismarck en fosos
públicos

-*"Spleen de París"*- fieras policromadas que asustan al jardinero
Petronio

-en el hotel Majestic desfile de mascaras de Gross

¡luciferinos vuelos

de un estallido gigantesco!

Carteles arrancados de Bult -polvo victoriano que adorna
callejones de crímenes

-Madame Cardot que olvido su diario -aedos infantiles

que asaltan este laminado Parnaso

-¡campos arados por la muerte!

-¡centrifugas musas que invocan al caos y la redención!

Correas desatadas del Tefilin

en muros eléctricos

que intentan resucitar

esos súbitos cadáveres-

Enfermizo ruido que enciende los oprimidos trinos- libro

de salmos amarillo

-¡destruida Jerusalem!-¡desfallecida creación!-¡halos desiertos!

-¡triste Polonia demacrada!- ¡Israel! -¡Vahalla en llamas!

-¡oscurecida Berlin!-¡hedor de sepulcros!

Marcha sin dirección

en el interior

de Lager-

alambre sucio

de espinas.

rendija del tiempo inexplicable-secos barnices -sordos piojos
-púas verticales

que se clavan en este silencio perfecto ruina miserable-seca carne

que añora un mutilado Amén -"el verdadero arte es sobrevivir"

-memoria de nadie

Kleine Nummer -vacía muerte que creces en vías ásperas como
ofrenda suprema
de la oscuridad. Coronas de invierno golpeadas por una agria voz
títeres
del polvo oprimidos -subterráneas lagrimas que siguen
a las robustas llamas
-ración suplementaria en pómulos rosados -¡vomitadas plegarias!

Sodoma de partido
¡deportarme señor!
Kommando 98-
estatuas de saliva
derramadas
en ese almacén saqueado.

Inmovibles barcos-cloruro de magnesio que ilumina ese vagón
del Holandés Errante
amarrado -ario Doctor-
-¡ruhe, jetzt warten!

(¡Esperad en silencio!)

Elegía de arroyos perdidos en el muerto Rin.
Iracundas piedras agua amortajada-madera de calvarios que vagan
a la deriva
-trompetas de plata -bramido tembloroso cerca de Neidhöhle.
Pulverizado acero que sofocas este fuego- reducido resplandor
-crisol enterrado-
¡río de fuego!
Conteo inútil de almas-espinosas lagrimas-¡mitologías bastardas!
En la semilla de la vida hay un hueco amarillo. Jordan seco
esferas rotas del pedestal murallas de Troya agrietadas -sangre
plomiza **¡Schmiede mein Hammer ein hartes!** (¡Forja martillo
mío una espada dura!) -¡pálido rojo! Chispas cortantes -fríos
golpes tropel ilusorio- ¡fatigada Mime no me sigues al infierno!

Moribundas albas cortadas por la espada de Siegfried-negra roca
oídos luminosos donde resplandecen las heridas palomas-bocas
de piedra- hojas secas que dan aliento a estos fósiles de guerra.
Lineas muertas en el horizonte- abandonados gorriones
-resquebrajadas Hespérides

páginas

de alambre

depósitos de la inercia

¡lucida fiebre!-

Forjado metal

Zanjas de pájaros sin ojos qué inician el vuelo de una galaxia olvidada.

¡Viadante anillo retrocede!

Tesoros de Titanes-

¡maldición del Nibelungo!

Columnas de Hércules derribadas por las lagrimas del viento viejos- *Häftlinge*

-¡no trates de entender guardia sin dueño! **Was beginnt der wilder?** (¿Qué hará la bestia?)

Sonríe Alberich-velados recuerdos que acompañan este estéril final

Ruinas

del Lager- hechizo alemán-

vano ruido

para que despierten

las opacas bestias.

Remiendos en el pan -combate de tilos a las afueras de las verjas
ardientes.

Colgantes duendes que balbucean melodías artúricas -voces
enfangadas

por famélicas bocas sepultadas- desolación de Octubre del 44.

¡Siegfried! ¡Quemada sangre!

Gar nichts willst du mir lassen?

(¿No quieres dejarme nada?)

Ruinas y hornos

Llameantes hogares-mordidas ventanas que se desmoronan

en la noche decapitada

-ceniza blanca-goteante verja

Golem que juega

con niños traviesos-

inútil vespertino.

Halo de piojos- *Tagerraum*. Trasteo sonoro en el abierto
crematorio

-¡monologos de crisantemos! Fortifica aureolas

-hueste de Boldog -zozobra de Orcos

-sonetos caducos a Diuno-baladas del musgo-

mendigantes hilos

que cuelgan

del madrigal de las limosnas.

Conjura del viento -¡musas envenenadas por Tennyson!

Nostalgia por Dorotea -sangre de peces cuajada-cristal verde

por donde mira

el eterno guardián. En la *rue de Talleyrand* canta un argonauta

ebrio

-¡saludo al rey Fingolfin! -¡No tengo miedo a los colmillos

de Huan!

En la librería del viejo Morin hay un derruido

silbido

ojos de Beren hundidos-

¡umbral de la muerte

que persigues el Oeste

de la negra noche!

¡Estrépito canto que alegras a las jóvenes ratas!- *"Rue du temple"*

¡libro de pájaros que intentas abrir un espacio al Hado!

¿Quién se hará con este botín de acero? -¡ardor en el vientre

de Prometeo!

Carbonizados prados-

fogonazos del éxtasis

de Marte

que viene desde lo más alto.

Pálida corona de dioses olvidados -vana herida-tierra maldita

que das cobijo al ultimo *"Mensch"*("hombre") -fósiles

de Lamarck rojas

moscas que revolotean

en las ciudades del Reich-

Adormecido rocío repleto de vacías hadas-hormigueros saqueados

-estanques vacíos en Suresnes.

Oníricos arboles talados por las bombas- rondas de mariposas

mutiladas-

combatiente tiempo

en Douaumont.

Flechas sepulcrales que hacen blanco en portales terribles
¡colmillos de Carcharoth!
El furor de este sonido nos confunde. En el *gueto de*
Litzmannstadt hay música de violines desafinados
y deshuesados.

Hay quienes todavía leen a escondidas *"La tempestad"*
de Strindberg en sus oscuros cuartos
de expiación. Floresta oscura cubierta de palacios de botellas
-bandada de escarabajos policías
qué persiguen desde las raíces a las viejas larva del día.

Incendiados pasillos que aniquilan este espacio-¡escarpada del
Dorthonion!
Gorlim continua muy desdichado. Corroída noche que vagas
en el desierto
otoñal-
tumba abierta
de Rossetti.

Cañizales quemados de Seroch -extenuados arcos llenos de nidos

de ruidos extraños-fría música de huesos
nocturnos-
prado tardío de Asfódelos
murralla gris

¡Polvo jamas respirado por las prostitutas de Berlín!- cuentos de
Zarathustra -callejones de serafines ebrios- tonalidades perdidas
del amor profano-¡espada de Dagmor!-ejercito de morteros que
imprimen el dolor en nubes huérfanas- ¡jadeantes orbes!
¡clandestinos bombardeos! -sótanos de Pompeya.
Fugaz aniquilación
cerca del *"Edificio
de la Krausenstrage"*.

Coronas tiznadas que ruedan sobre escombros de masas.Triste
arce -grises cartas- cometas incendiadas que se esconden en el
sonido de la muchedumbre- arpas y yelmos errantes
-descatalogadas misas breves- ¡ennegrecidas langostas que vuelan
bajo!
Ceniza insignificante llegada
de crepúsculos de Crimea-

destruida Jerusalem

Biblia: Isaias 14,17

Panel reseco   de mensajes ahogados en ese pilar de números
endemoniados- ¡Égidas de saldo!

¡Mesías de mármol! lago de huesos que cantan este bullicioso
abismo- ¡cuerno de Heimdal destronado!

¡Pobre Kraus!

Navíos del infierno que corren tras el lobo de Fenrir -sirenas del
carburo - *"Morgen" lied* incompleto- barro húngaro-lluvia negra-
¡tembloroso carro que te arrojas a este reino de cuervos!

Secos diques -ruinas de sombras -ametralladoras incendiadas-
¡cascadas de Andvari lejanas!

-¡sirenas tardías del Fliegeralarm!-

Columnas de metanol- hidrogeno de invierno ¡canciones de cuna
de la temprana muerte! -¡Oro maldito! ¡Occidente perdido!

Fragor del destino que buscas el anhelo

de las ultimas Walkirias

Árbol triste vestido de pájaros ciegos-¡brillante Völsung!

-oro rojo hundido en el vallado caos- barco sombrío -lanceros airados

-jinetes desvalidos en La hierba de Gautland

sepultados acordes encrucijada de sueños

¡Derruida Azrael!- moscas yertas que vuelan con cadenas rotas-

soleadas estrellas de la ultima noche- que sigue el regazo

de Siggeir- fuego de centinelas

-zumbido de bronce sobre esas tinieblas redondas,

¿dónde estará el alma de Elis?

Brisa de adormideras que asolan la orilla secreta de las amapolas-

railes del espino que surge del borde del mundo- ¡marchita negritud!-putrefacta blancura que inauguras estos escudos escarlatas

-durmiente metal que forja este oscuro festín

como regalo de Grimnir.

Resplandeciente guerra -fragua de Regin- socavones del Averno

en medio de la calle.

Capitolios cortantes-

latidos desertores-

halos trazados a destiempo

Helada rima-¡corazones de dragones llorosos! Cerca de Hreidmar
rojas son las ascuas
-runa de fuego que incendian penas enlazadas con sonámbulos
narcisos-
sangriento manto
que cubres las mazmorras
del miedo-
¡decrépito yunque sin eco!
¡Rin sin aliento!

Atascado en esta boca infinita-llanuras vacías -caligrafías
de cenizas -musa oxidada
-cuervo hueco -papel enano- ¡desierto de Sión donde gritan
las bestias en vano!
-¡maldiciones del hierro!
Enturbiado valle que das sombra a las estancias de Hindarfell.
¿Llegó el ultimo corneta fúnebre aquí?

Hálitos coagulados que cuelgan de la *tierra de Gjúki*- empinadas guirnaldas que solo

se ven en la ruta

del verbo extraviado.

Perpetuo telón- fachadas derribadas del Numen-prisioneros

borrachos- exilada usura

-¡salid reinas del Asgard!-¡traficantes del silencio que jugáis

con esto s empalizados labios!

¡mar de bocinas!-¡grifo roto!-

depósitos del hollín

que llegan

hasta el amplio Valhöll.

Sienes de plata abiertas- hojarascas negras que se diriges

hacia los paneles del Ocaso

-fanales de un cobertizo inundado-¡novia condenada de Völsung!-

¡lluvia de Baal!

-¡sueños del mal!

Lanzas pesadas

suplicadas por las hijas

de Gudrún.

Vapor atado a estas decrépitas hileras infectadas por las aguas
del Rin

-¡bosque gris lleno de oleaje muerto!-¡muro de corales!

-¡barranco del Danpar!-¡ancho fuego!

Oprimida flecha sin verso que esquivas los témpanos tardíos.

¡Danza de antorchas!-¡disecadas ventanas en tus ojos inmóviles!

-brumas del silencio que rodean tronos

de álamos sedientos

Redoble de la ensoñación-¡párpados bronceados

por un sol petrificado!

-corredor tenue de este río de ocasos -terrunas fosas de enjambres

oscilantes

-guijarros de sangre hehizados

por estas túnicas

de piel

¡arco de furias que invocas

a la reina de los inviernos!

Sordo océano-fragor atrincherado.

Carroña de tinta para el *"gris Högni"*-

Regocijo de noches mortaja de planetas- juncal roído paridas

lagrimas en estertores estériles

-¡deliro!

¡Intrépido Gjúking ven hacia aquí!-¡hechizo de lenguas!

-crujido famélico que asoma a estos rastrojos febriles

y barcas regias.

En los ojos de Gunnar pervive un pálido silencio

-¡libélulas errantes!

-vomito de astros -lengua titilante

-¡destilada luna que te maquillas con esta cal de muerte!

Acero infectado por Marte-

¡crepúsculo

de doncellas brillantes!

Lechos rotos como telarañas entretejidas por un signo fiero

escuadrón espinoso

que asaltas este acorazado verbo- sollozo estelar que alimentas

estas bocas

de hienas en una hermandad de sangre-

¡trama invisible!

¡saqueado Éter!

Sueño sin puertas que escondes el umbral blanco
¡Ebrio cristal jamas tallado por ningún loco astro!
-copa purpura de la que solo bebe Byron- esplendor de llanuras
que se corta en estas alambradas huérfanas
-¡muro envejecido de Völsung!
¡Triste botín para este negro pájaro!
¡Pitonisas de Cabaret asesinadas!

Sin Hidromiel en el cuerno de Heimdall vago junto al soldado
desconocido
-¡invertebrada nieve que enjaulas a las luminosas Pléyades!
-¡viento del Poniente quédate en mis manos!
¡sombrío oro maldito del Rin!-
Epitafios fugitivos
que tejen
penas disueltas-
arpas ancianas que anunciáis este soplo final-¡rojas aguas!
Marionetas vidriosas -¡lienzo de arañas!- larga oscuridad que
cuelga de esta algarabía gris- ¡angélica clausura del alba!

-retorcidas urnas que el oído de la verdad no escucha

-¡clamor de lanzas!

Paraísos sepulcrales que crecen en estela

de viajeros cuervos.

Escarcha agonizante que mueves este patíbulo de águilas- atado

infierno a la desnuda carne

-aurora maléfica -¡estrépito de portales derribados!

-¡furia inagotable!¡-hambrientas alas!-

¡canción de Godos! ¡tierra de murallas!

En los ojos del Ocaso brillan enrojecidos escudos y el verbo

fallido -¡luceros mudos!

-¡río de cristales que atraviesa el amplio Valhöll! -¡chorreantes

piedras! -¡malignas columnas!

ruinas del caos

donde se desnuda el rojo hierro.

Hedor envolvente de negras lenguas- ennegrecidos colmillos que

vigilan este balcón de cenizas.

Torre de palomas heridas -desolados lirios que se enrollan

en ventanas de acero

¡desiertos de la muerte! -¡sombría ira!

Tendido de voces atrapadas en esos acribillados rincones

-rugido de llanuras que restauran

la bella Morgue.

¡Roído credo de arañas!

Silabas cosidas al numero -estéril pus -infectadas aguas del Rin

-inhumanas ciénagas

-¡aderezadas tinieblas que acampáis a las afuera de Suresnes!

¿Dónde esta la visión diurna de Schiller?¡Empinada el codo! -
¡camorras del güelfos!

En el jardín de Kirchhorst caen pesados proyectiles. Tablas de
ideogramas perdidos

-perdida resurrección -helados ríos fue que cruzan el umbral de
aniquilación

-¡Cáucaso otoñal!

¡mendigos de Ulises

que juegan como niños

con el péndulo de la muerte!

Pintor de hogueras, y violetas azules- Evangelio de San Juan-

"Me autem minui"

- ¡incrédula luz! -desprendido stock de almas-¡planetaria luz
que socava este pantalla plana! -
Salmo 82.
Leo de nuevo "Mis prisiones"
de Silvio Pellico.

Capiteles subordinados al cielo quebrado. En la *"Place du Palais Burbon"* observo a Pandora
-botín negro de Elias -pálidos ángeles sin guía que acompañan
estas diminutas
pompas huérfanas.

En el banquete vacío de Platón hay flores asimétricas
que renacen en un polarizado rojo.
¡Muerte a crédito! -fallidas yemas
que tocan este séquito de la locura- este fusil atonal
en medio
de estas libélulas petrificadas.
Callejuelas de constelaciones sucumben al muro de los pájaros
cumplida gripe

-noches de Efraim donde el fuego es releído.

Pagina sin fin carcomido árbol del conocimiento

-cadáveres de tinta en las márgenes del grito-

¡antigua piedad detenida!

¡Prepararé la ofrenda de los durmientes en este vacío azul!-

¡barricada de huesos!

-Epístola a los Corintio -asedio histórico *"Der Mensch"*- transito

de palabras sin retorno

que arruinan el journal de Gide.

¡Frágil barracón!

¡estación del Norte sin amor!

¡Serpiente aléjate de Mime! -¡Guardian ávido que escondes este

foso ardiente! -este canto dulcísimo que se torna nebulosa eterna-

¡Erda!, ¡Erda! ¡conjuro del reposo que embriaga a estas Nornas

oscurecidas!

¡ "En el principio fue la palabra…!

Inefable conciencia- danza de Nidhogg- resplandor del Valhalla

herido

-suspiros de Freya

que cruzan esta linea del tiempo este habla.

¡Zarzal de losas! -triste enebro convertido en el mayor velo.¡

Padres del desierto verter las urnas rotas de las estrellas!

¡Aterrador espacio! -¡código de Justiniano!-¡decapitado Numen!

-bucles de negrura que se posan

en la amarga hidromiel.

¡Murallas del lenguaje!- ¡intraducible dolor! -¡distorsión léxica! -

¡silenciosas sílabas!

-¡helada Gerd que espera fiel en mis purpúreos labios!

¡Ataúd de tulipanes abiertos en la orilla del desposado oro

del Rin!

Fosa de granizos

que escolta a la ceniza-

principio de indeterminación baldío

que huye de las fanfarrias de Lucifer.

Pérfido enano -granizo de cuervos -hálito anochecido

por turbados sueños que desembarcan

en el desierto Occidental. **¡Wehe!, ¡wehe!** (¡Dolor!, ¡dolor!)

¡Inconsciente colectivo!- ¡corridos lamentos! **Verfluchter reif!**

(¡Sortija maldita!)

Ceniza luminosa

Fliegt heim

ihr Raben!

(¡Volar a los cuervos!)

Lombriz negra- fiebre de marionetas -arañas de la tristeza -
¡hundido Walhall!

-¡arrojad la lira final al desértico Rin!-¡Occidente es un Ocaso
de fuego!

¡El pájaro hechicero

ha hablado!

Dijo en voz baja; *"que ningún poema*

podrá jamás purifica el mundo!